Dieses Buch gehört:

_____

Rainer Wolke

Wickie – Ich hab's!

3 Geschichten mit Bären, Indianern und Piraten

Wickie und die starken Männer
Lesen lernen mit Comics
Leseanfänger

Klett Lerntraining

Bibliografische Information der Deutschen Nationalbibliothek
Die Deutsche Nationalbibliothek verzeichnet diese Publikation in der
Deutschen Nationalbibliografie; detaillierte bibliografische Daten sind
im Internet über http://dnb.dnb.de abrufbar.

Dieses Werk folgt der neuesten Rechtschreibung und Zeichensetzung.

Auflage 3 2 1 | 2017 2016 2015
Die letzten Zahlen bezeichnen jeweils die Auflage und das Jahr des letzten Druckes.

© 2015 Studio 100 Media GmbH
www.studio100.de

© Klett Lerntraining, c/o PONS GmbH, Stuttgart 2015. Alle Rechte vorbehalten.
www.klett-lerntraining.de, www.lesedrachen-club.de
Teamleitung Grundschule und Kinderbuch: Susanne Schulz
Redaktion: Jette Maasch, Julia Maisch, Jana Haußmann
Umschlaggestaltung und Layout: Sabine Kaufmann, Stuttgart
Illustrationen: Julian Jordan, Luis-José Beltran, Iñigo Motxo/Comicon, Barcelona
Satz: tebitron gmbh, Gerlingen
Druck: PHOENIX PRINT GmbH
Printed in Germany
ISBN 978-3-12-949396-0

Übersicht der Geschichten

Wickie und der geheimnisvolle Fremde   5
Starke Fragen für helle Köpfe   30
Mitmach-Seiten   34

Wickie bei Häuptling Dicker Büffel   43
Starke Fragen für helle Köpfe   68
Mitmach-Seiten   72

Wickie und der Überfall auf Flake   81
Starke Fragen für helle Köpfe   106
Mitmach-Seiten   110

Lösungen   118

Das Versteck im Wald   6

Ein Händler in Flake   12

Wickie hat eine Idee   18

Die Falle schnappt zu   24

Starke Fragen für helle Köpfe   30
Mitmach-Seiten   34
Lösungen   118

Wickie und der geheimnisvolle Fremde

von Rainer Wolke

Das Versteck im Wald

Ist das ein Jubel in Flake!
Wickie und die starken Männer
kehren nach langer Zeit
von ihrem Beutezug zurück.
Das Drachenboot ist voll beladen
mit wertvollen Schätzen.

„Alle Seeleute, die uns gesehen haben,
waren grün vor Neid!",
brüllt Halvar stolz durch ganz Flake.
„Aber jetzt vorwärts, Männer!
Alles muss in unser Geheimversteck
in den Wald. Zack, zack!"
Die Wikinger packen gerne mit an.

Mitten im Wald bleibt Halvar
vor einem großen Felsen stehen.
„Hier wird garantiert niemand
unseren Schatz finden",
ist sich Halvar sicher.
Doch Wickie wundert sich:
„Aber hier ist doch gar kein Versteck!"
Der alte Urobe lächelt geheimnisvoll:
„Du siehst es bloß nicht",
erklärt er und zeigt auf einen Felsen.
„Deshalb heißt es ja Geheimversteck!"

Und dann ...

„Fertig, Männer. Zurück ins Dorf!",
gähnt Halvar müde.
„Aber Vater, wir können die Schätze
doch nicht einfach hier lassen",
wundert sich Wickie.
„Du hast recht, Junge", nickt er.
„Faxe, du bist der Stärkste.
Du bleibst als Wache zurück!"

Die Wikinger machen sich
auf den Heimweg
und legen sich bald schlafen.
Aber Wickie schläft
in dieser Nacht gar nicht gut.
Immer wieder träumt er,
dass der Schatz gestohlen wird.

Ein Händler in Flake

„Alarm, Alarm!", brüllt Gorm
früh am nächsten Morgen.
„Ein Fremder ist im Dorf!"
Sofort zieht Halvar sein Schwert.
„Langsam, langsam!", ruft der Fremde.
„Ich bin Händler und verkaufe
die schönsten Stoffe der Welt."

„Davon kann sich meine Ylva
ein neues Kleid nähen",
freut sich Halvar.
„Wie viel soll dieser Stoff kosten?",
fragt er und zeigt aufgeregt
auf einen Stoff mit gelbem Muster.
Der Fremde verlangt drei Goldstücke.
„Nur drei Goldstücke?", jubelt Halvar.
„Die sollst du haben. Komm mit!"

Halvar führt den Händler in den Wald.
„Vater!", warnt ihn Wickie.
„Du darfst dem Fremden doch nicht
unser Geheimversteck zeigen!"
Aber Halvar winkt ab.
„Der Mann ist ein ehrlicher Händler",
antwortet er lässig.
„Das rieche ich zehn Meilen
gegen den Wind."
Schnell holt Halvar drei Goldstücke
aus dem geheimen Versteck
und gibt sie dem Fremden.

Der Händler verabschiedet sich …

Er geht zurück zu Halvar und jammert:
„Mein Boot ist auf Grund gelaufen,
wie komme ich jetzt nach Hause?"
„Bleib doch noch ein paar Tage hier",
lädt Halvar ihn freundlich ein.
„Gemeinsam reparieren wir dein Boot."

Wickie bekommt einen Schreck.
„Vater, Vater!", flüstert er.
„Der Mann lügt. Er hat das Loch
selbst in sein Boot geschlagen!"
Grimmig sieht Halvar seinen Sohn an:
„Wickie, so ein Blödsinn!
Kein Seemann schlägt
sein Boot kaputt."
Wickie schluckt. Keiner glaubt ihm.

Wickie hat eine Idee

Der geheimnisvolle Fremde
führt nichts Gutes im Schilde,
da ist sich Wickie ganz sicher.
Aber keiner will ihm glauben.
Was soll er nur machen?
Wickie überlegt.

„Ich hab's!", ruft er auf einmal.
Schnell packt er seinen Rucksack
und schleicht leise aus dem Haus.
Der Fremde und Halvar
sitzen gemeinsam in der Küche.
Sie bekommen davon nichts mit.
So schnell er kann, läuft Wickie
zum Geheimversteck.

Schon von Weitem ruft Wickie:
„Hallo, Faxe!"
Gelangweilt hockt Faxe
vor dem Eingang der Höhle.
„Kann ich jetzt zurück nach Flake?",
fragt er erfreut.
„Ich habe solchen Hunger!"
Doch Wickie schüttelt den Kopf.
„Nein", antwortet er.
„Aber ich habe einen Plan
und brauche dich hier.
Hilfst du mir?"

Faxe ist neugierig …

„Jetzt muss die Falle
nur noch zuschnappen",
freut sich Wickie.
„Hihihi, das wird ein Spaß",
lacht Faxe vergnügt.
Wickie geht zurück nach Hause.
Im Hühnerstall legt er sich
auf die Lauer.

Bald haben sich alle schlafen gelegt.
Plötzlich öffnet sich die Haustür.
Der geheimnisvolle Fremde
tritt mit einer Laterne vor die Tür.
Leise läuft er in Richtung Wald.
Wickie schleicht ihm nach.
Ihm ist sofort klar,
was der Mann nun vorhat!

Die Falle schnappt zu

Doch Wickie muss sich wundern.
Der Mann will gar nicht in den Wald!
Er geht zum Meer hinunter.
Sapperlot!
Ist der Mann am Ende
doch ein ehrlicher Händler?

Am Ufer schwenkt der Fremde
die Laterne hin und her.
Kurz darauf legt ein Boot an.
Es steckt voller finsterer Piraten.
„He Männer, da seid ihr ja endlich!",
begrüßt sie der Fremde mürrisch.
Wickie flüstert leise:
„Der Fremde ist der Anführer der
Piraten! Ich wusste doch, da ist
was faul."

Wickie beeilt sich, um vor den Piraten
am Geheimversteck zu sein.
Doch der Weg durch den Wald
ist nachts nicht einfach zu finden.
Die Piraten sind ihm die ganze Zeit
dicht auf den Fersen.
Schon von Weitem hört man Faxe
laut schnarchen.
„Der schläft wie ein Baby!",
ruft der falsche Händler.
„Auf geht's Männer!
Holen wir uns die Schätze."

Doch so leicht geht das nicht …

Das Geschrei hat ganz Flake geweckt.
Alle starken Männer kommen
in den Wald zum Geheimversteck.
Sie schwingen ihre Fäuste.
„Hilfe, Hilfe!", brüllen die Piraten
und rennen davon.
Schnell wie der Blitz sind sie
auf ihrem Boot und legen sofort ab.

„Die sehen wir nie wieder!",
tönt Halvar zuversichtlich.
„Der Fremde kam mir gleich
so verdächtig vor."
Wickie lacht und zwinkert Faxe zu:
„Gut gemacht! Unsere Falle
hat richtig gut funktioniert!"

Starke Fragen für helle Köpfe

 **Womit kehren die Wikinger nach Flake zurück?**
- mit Schätzen
- mit Stoffen
- mit Teppichen

 **Wieso erschrickt Wickie im Geheimversteck?**
- Eine Spinne krabbelt über seine Hand.
- Eine Fledermaus flattert durch die Höhle.
- Ein Wolf steht vor ihm.

3 **Wieso soll Faxe das Geheimversteck bewachen?**
- weil er so stark ist
- weil er so schlau ist
- weil er so müde ist

4 **Wieso hat Wickie in der Nacht schlechte Träume?**
- Er hat Angst im Dunkeln.
- Er hat Angst vor dem Fremden.
- Er hat Angst, dass der Schatz gestohlen wird.

5 **Der Fremde kommt als Händler nach Flake. Womit handelt er?**
- mit Edelsteinen
- mit Stoffen
- mit Kleidern

 **Warum zerstört der Fremde sein Boot?**
- Er ist wütend.
- Er mag sein Boot nicht.
- Er will in Flake bleiben.

 **Wer baut die Falle im Wald?**
- Wickie und Halvar
- Wickie und Faxe
- Wickie und Urobe

 **Womit hätte der Fremde seine Kameraden auch nach Flake lotsen können?**
- mit einer Fackel
- mit einem Stock
- mit einem Stück Stoff

9 Was fliegt den Piraten um die Ohren, als sie die Schätze klauen wollen?
- [ ] Pfeile
- [ ] Goldklumpen
- [ ] Wasserbomben

10 Der Überfall hätte verhindert werden können, wenn ...
- [ ] Ylva einen Kuchen gebacken hätte.
- [ ] Halvar auf Wickie gehört hätte.
- [ ] Ulme ein Lied gesungen hätte.

Mitmach-Seiten

___

___

___

___

VRESTECK

HÄNDLRE

FLESEN

FREMDRE

OGLDSTÜCKE

Die Wörter wurden wild durcheinander gewirbelt. Ordne die Buchstaben, und schreibe dir Wörter auf die Linien.

_____

_____

_____

_____

_____

Eine aufregende ⬚⬚⬚⬚⬚ in ⬚⬚⬚⬚⬚.

Bring die einzelnen Bilder in die richtige Reihenfolge,

dann ergibt sich ein spannendes Bild aus der Geschichte.

Wickie sucht den Weg zum Schatz. Doch welcher ist der richtige Weg? Kannst du ihm helfen?

Ein mächtiger Sturm   44

Fremdes Land   50

Gefangen!   56

Der Wettkampf   62

Starke Fragen für helle Köpfe   68
Mitmach-Seiten   72
Lösungen   121

Wickie bei Häuptling Dicker Büffel

von Rainer Wolke

Ein mächtiger Sturm

An einem schönen Sommermorgen
brüllt Halvar laut durch Flake:
„Alle Wikinger sofort zum Steg kommen,
ich habe etwas zu verkünden!"
Als endlich alle versammelt sind,
erklärt Halvar, was los ist:
„Männer, mir juckt es in den Fingern!
Ich möchte endlich mal wieder
ein fremdes Land erkunden.
Macht das Drachenboot flott.
Heute Abend legen wir ab."

Die starken Männer jubeln begeistert.
Faxe malt sich schon aus,
was es an ihrem unbekannten Ziel
wohl zu essen geben mag.
„Ganz bestimmt köstliche Dinge!",
sagt er begeistert zu Wickie.
„Wenn ich nur daran denke,
knurrt mir schon der Magen,
und das Wasser läuft mir
im Mund zusammen."

„Du denkst doch immer nur
ans Essen, Faxe!",
schimpft Tjure verärgert.
„Dort gibt es sicher ganz viel Gold!"
Snorre reibt sich vergnügt die Hände.
„Und das schnappe ich mir dann!"
Tjure zwickt ihn in die Seite:
„Nicht wenn ich schneller bin
und es vor dir finde."

Ulme komponiert aus lauter Vorfreude
gleich ein neues, fröhliches Lied.
Nur das Gesicht des alten Urobe
verfinstert sich immer mehr.
„Heute stehen die Sterne
gar nicht gut für uns", murmelt er.
„Lasst uns mit der Fahrt
lieber noch ein paar Tage warten!"
Wickie nickt zustimmend.
Aber keiner der starken Männer
will auf die beiden hören.

Blitzschnell haben die Wikinger
das Schiff mit Vorräten beladen
und seetüchtig gemacht.
Am Abend rudern die starken Männer
guter Dinge aus dem Hafen.
Als sie eine Weile gefahren sind,
setzt Wickie das mächtige Segel.
Das Meer ist glatt wie ein Spiegel.
„Na, Urobe?", tönt Halvar.
„Das ist wohl doch ein guter Tag!"
Doch plötzlich schieben sich
dunkle Wolken vor die Sonne …

... und ein fürchterliches Unwetter bricht los.

Fremdes Land

Als Wickie am nächsten Morgen
die Augen aufschlägt,
hat sich das Meer wieder beruhigt.
Alle Wikinger sind noch an Bord.
Aber der Schiffsmast ist gebrochen,
und das Segel im Sturm weggeflogen.
„Wie kommen wir jetzt bloß
wieder nach Hause?",
murmelt Wickie.

Er überlegt:
„Wo sind wir hier nur?",
dann schnappt er sich das Fernrohr
vom schlafenden Gorm.
„Da vorne ist Land!",
ruft er kurze Zeit später.
Halvar jubelt laut:
„Alle Mann an die Ruder!"

Mit vereinten Kräften
rudern die Wikinger schließlich los.
Wickie weist ihnen die Richtung.
Die starken Männer legen sich
alle tüchtig ins Zeug.
Bald erreichen sie das Ufer
des unbekannten Landes.
„Hier waren wir noch nie",
da ist sich Halvar ganz sicher.
„Lasst uns losgehen, Männer!
Wir suchen die Umgebung
nach Spuren ab!"

Nachdem das Drachenboot festgemacht ist …

Sofort gehen die starken Männer
hinter einem Busch in Deckung.
„Wer hat auf uns geschossen?",
flüstert Wickie seinem Vater zu.
„Ein Wikingerpfeil war das nicht!",
brummt Halvar leise.
Alle anderen Wikinger sind still,
keiner traut sich, etwas zu sagen.
Da hören sie plötzlich Schritte.

Wickie hält die Luft an.
Mehrere Gestalten schleichen
ganz dicht an dem Busch vorbei,
hinter dem die starken Männer sitzen.
Sie haben bunt bemalte Gesichter
und Federschmuck auf dem Kopf.
Alle tragen Pfeil und Bogen bei sich.
Fast sind sie an den Wikingern vorbei,
doch da muss Wickie niesen.

Gefangen!

Wickie versucht, sich schnell
die Nase zuzuhalten.
Aber da ist es schon zu spät!
Wie der Blitz fallen die Fremden
über die starken Männer her.
Bevor auch nur einer der Wikinger
sein Schwert ziehen kann,
sind alle gefesselt.

„Das sind Indianer!",
bemerkt Urobe nun ganz sachlich.
Einer der Indianer stellt sich
drohend vor Halvar:
„Wir haben viele Männer
mit Hörnern auf dem Kopf gefangen!",
sagt er laut und deutlich.
„Los, alle Mann mitkommen
zu Häuptling Dicker Büffel!"

Im Dorf der Indianer
werden alle starken Männer
an den Marterpfahl gebunden.
„Wir müssen hier weg!",
brummt Halvar flüsternd.
„Aber wie, Vater?",
fragt Wickie leise.
„Wir brauchen dringend
ein neues Segel.
Wir können unmöglich
den ganzen Weg nach Flake
zurück rudern!"

Da tritt Häuptling Dicker Büffel aus seinem Zelt …

Wickie überlegt lange.
Plötzlich ruft er begeistert:
„Ich hab`s! Ich weiß jetzt,
wie wir es machen!
Aus dem Stoff der Indianerzelte
können wir leicht
ein neues Segel herstellen!"
Urobe seufzt traurig:
„Aber die werden uns doch niemals
ein Zelt freiwillig geben."

Wickie lacht geheimnisvoll.
„Na, warte es mal ab."
Er nimmt all seinen Mut zusammen
und ruft ganz laut:
„He, Häuptling Dicker Büffel!
Die starken Männer aus Flake
fordern dich heraus!
Wir treten in einem Wettkampf
gegen dich an.
Wir können alles viel besser als du!"

Der Wettkampf

„Ein Wettkampf?"
Häuptling Dicker Büffel ist begeistert,
er liebt Wettkämpfe.
„Es gibt drei verschiedene Aufgaben",
schlägt Wickie vor.
„Wenn du gewinnst,
bekommst du Halvars Helm.
Und wenn wir gewinnen,
bekommen wir ein Indianerzelt!"
Dicker Büffel stimmt verblüfft zu
und lässt die Wikinger losbinden.

Als Erstes tritt der Häuptling
im Steinewerfen gegen Faxe an.
Dicker Büffel holt weit aus
und wirft einen Stein in hohem Bogen
bis an den Fluss.
Aber Faxe schafft es sogar
bis an das andere Flussufer.
Wickie jubelt begeistert:
„Eins zu null für uns!"

Als nächstes ist Speerwerfen dran.
Dafür malt Wickie eine Zielscheibe
auf einen Baumstamm.
Dicker Büffel trifft mit seinem Speer
genau in die Mitte.
Dann kommt Snorre an die Reihe.
Er zittert vor Aufregung
und trifft nicht einmal den Baum.
Die Indianer klatschen begeistert.
„Eins zu eins!", verkündet Wickie.
„Die nächste Aufgabe entscheidet,
wer den Wettkampf gewinnt."

Die letzte Aufgabe ...

„Hurra, hurra, Vater hat gewonnen!",
jubelt Wickie fröhlich.
Zum Glück erweist sich
Dicker Büffel als guter Verlierer.
Wie abgemacht schenkt er
den Wikingern ein Zelt.
Wickie erklärt ihm,
wozu sie es brauchen.
Da packen die Indianer gerne mit an.
Zusammen bauen sie einen Mast
und befestigen das Zelt
als neues Segel daran.

Als die Wikinger abgelegt haben,
winkt Dicker Büffel zum Abschied
noch lange hinterher.
Schließlich ist das Drachenboot
nicht mehr zu sehen.
Die Wikinger segeln Richtung Flake.
Richtung Heimat.
„Wickie", lobt Halvar stolz.
„Du hast uns wieder einmal gerettet!"

Starke Fragen für helle Köpfe

 **Warum will Urobe nicht losfahren?**
- [ ] Die Sterne stehen nicht gut.
- [ ] Es ist schon dunkel.
- [ ] Das Schiff ist zu alt.

 **Was zerstört der Sturm am Drachenboot?**
- [ ] den Mast und die Ruder
- [ ] den Mast und das Steuerrad
- [ ] den Mast und das Segel

3 **Snorre entdeckt im Wald ...**
- [ ] einen Fußabdruck
- [ ] einen Fußabstreifer
- [ ] eine Falltür

4 **Wer kann die Indianerzeichen auf dem Felsen lesen?**
- [ ] Urobe
- [ ] Wickie
- [ ] keiner

5 **Warum verstecken sich die Wikinger hinter dem Busch?**
- [ ] Indianer schießen auf sie.
- [ ] Sie legen sich auf die Lauer.
- [ ] Sie haben einen Schatz entdeckt.

 **Bei welcher Aufgabe tritt Halvar gegen den Häuptling an?**
   ☐ Tomahawk werfen
   ☐ Steine schmeißen
   ☐ Büffel reiten

 **Was bekommt der Sieger des Wettkampfes?**
   ☐ ein Indianerzelt
   ☐ Pfeil und Bogen
   ☐ eine Urkunde

 **Wer baut einen neuen Schiffsmast?**
   ☐ die Wikinger
   ☐ die Indianer
   ☐ alle zusammen

Welche Aufgabe hätte auch zum Wettkampf gepasst?
☐ mit Pfeil und Bogen schießen
☐ verstecken im Wald
☐ Steine sammeln

 **Welche Worte beschreiben die Indianer am besten?**
☐ alt und vergesslich
☐ freundlich und hilfsbereit
☐ mürrisch und schlecht gelaunt

Mitmach-Seiten

ESGEL
_____

HUÄPTLING
_____

WLOKE
_____

EFRNROHR
_____

EFDER
_____

Die Buchstaben wurden
bei dem starken Unwetter
durcheinander gewirbelt.
Ordne die Buchstaben,
und schreibe die Wörter auf die Linien.

FPELI

EHIMAT

_____

_____

ÖMWE

OBGEN

_____

_____

EFDERSCHUMCK

_____

Suche die passenden Bildausschnitte und ordne sie dem Bild zu.

Trage dazu die richtigen Buchstaben in die Kreise ein.
Wie lautet das Lösungswort?

Der Indianer sucht seinen Schatten.
Doch welcher ist der richtige?
Kannst du ihm helfen?

Verbinde die Buchstaben zu Wortschlangen, und schreibe die gesuchten Wörter auf. Es ist jede Richtung möglich, aber nicht schräg! Alle Wörter sind dir in der Geschichte begegnet.

W I C
E I K

E L
G E S

F A
E X

WICKIE _____   _____

E R
D E F

F Ü B
F E L

H V A
A L R

_____   _____   _____

H P T N G
Ä U L I

I N D I
R E N A

W E T T
F P M A K

_____   _____   _____

Wickie will ins fremde Land.
Welcher Weg ist der richtige?
Kannst du ihm helfen?

Schrecklicher Sven in Sicht!	**82**
Zu spät!	**88**
Komm schon, Wickie!	**94**
Bärenhunger	**100**
Starke Fragen für helle Köpfe	**106**
Mitmach-Seiten	**110**
Lösungen	**124**

Wickie und der Überfall auf Flake

von Rainer Wolke

Schrecklicher Sven in Sicht!

Ist das ein herrlicher Tag!
Wickie und seine beste Freundin Ylvi
machen ein Picknick
auf den Felsen hoch über dem Meer.
„Die Honigkuchen schmecken toll!",
lobt Wickie Ylvi.
Sie freut sich und lächelt.
„Die habe ich selbst gebacken!"

Doch plötzlich bekommt Wickie
einen Riesenschreck.
Drei Schiffe steuern auf Flake zu.
Mit Segeln so schwarz
wie verbrannte Pfannkuchen.
„Der Schreckliche Sven!",
ruft Wickie entsetzt.
„Der kommt bestimmt nicht
zum Honigkuchen backen.
Wir müssen das Dorf warnen!"

Blitzschnell packen Wickie und Ylvi
alles in ihren Korb.
Dann laufen sie los.
Sie nehmen die Abkürzung
durch den dunklen Wald.
Den mag Wickie eigentlich gar nicht,
denn hier gibt es viele wilde Tiere.
Aber sie müssen schneller sein
als der Schreckliche Sven.
„Lauf, Ylvi! Lauf!",
feuert Wickie seine Freundin an.
„Es ist nicht mehr weit!"

Da plötzlich ...

Bald ist alles aufgefressen.
Der Bär tapst satt
in seine Höhle zurück.
„Meine schönen Honigkuchen",
seufzt Ylvi traurig.
„Naja, wenn wir in Flake sind,
backe ich eben neue."

„Flake?", ruft Wickie.
„Wir müssen doch
die starken Männer warnen!"
Mit einem Sprung landet er im Gras.
Dann hilft er Ylvi vom Baum herunter,
und beide rennen los.
Hoffentlich schaffen sie es noch
vor dem Schrecklichen Sven.

Zu spät!

Wickie und Ylvi
erreichen kurz darauf ihr Dorf.
Sie sind völlig außer Atem.
Doch sie kommen zu spät.
In der Ferne sehen sie das Unheil:
Der Schreckliche Sven stürmt
mit seinen Piraten auf Flake zu.

„Oh, Wickie!", flüstert Ylvi entsetzt.
„Was machen wir denn jetzt?"
Wickie zittert am ganzen Leib.
„Ein richtiger Wikinger
würde jetzt kämpfen",
antwortet er traurig.
„Aber ich traue mich einfach nicht."

Wickie und Ylvi verstecken sich
in einem dichten Gebüsch.
Jetzt sind die Angreifer
bei Halvars Haus angekommen.
Der Schreckliche Sven
schwingt seinen Morgenstern.
Wer den gegen den Helm bekommt,
dem wächst eine riesige Beule.
„Was machen wir denn jetzt, Wickie?",
flüstert Ylvi aufgeregt.
„Daumen drücken", antwortet Wickie.

Aber es nützt nichts.

Der Schreckliche Sven
hat Halvar mit einem Netz gefangen.
Auch die anderen Wikinger sind besiegt.
Faxe, Ulme, Snorre und Tjure
werden gefesselt.
Sogar den uralten Urobe
haben die Piraten nicht vergessen.
Dann werden alle
in Halvars Haus getrieben.

Wickie und Ylvi
sehen vorsichtig durch ein Fenster.
Halvar sitzt gefesselt auf dem Stuhl.
Der Schreckliche Sven tobt:
„Halvar, verrate mir,
wo du deine Schätze versteckst!"
Aber Halvar schüttelt den Kopf.
„Eher fresse ich meinen Helm",
knurrt er zurück.
„Vater ist so mutig", murmelt Wickie.

Komm schon, Wickie!

Wickie ist verzweifelt.
Der Schreckliche Sven will
ihre Schätze klauen:
alles, was sein Vater
ehrlich geraubt und erbeutet hat.
Wickie flüstert geknickt:
„Aus mir wird nie
ein richtiger Wikinger."

Ylvi nimmt ihren Freund in den Arm
und tröstet ihn:
„Du bist zwar
nicht so stark wie ein Bär.
Dafür bist du aber schlauer
als alle Füchse der Welt zusammen!"
Doch Wickie lässt den Kopf hängen.
„Das nützt aber gar nichts,
wenn der Schreckliche Sven angreift.
Dann muss ich doch mutig sein!"

Ylvi schüttelt den Kopf.
„Komm schon, Wickie!",
muntert sie ihn weiter auf.
„Deine Ideen sind doch
immer die allerbesten!"
Wickie setzt sich auf einen Stein
und denkt angestrengt nach.
„Hmm", murmelt er nach einer Weile.
„Ich bin nicht so stark wie ein Bär.
Aber ich habe gute Ideen,
und Ylvi ist bei mir."
Dann reibt er an seiner Nase.

Plötzlich springt Wickie auf ...

Bald sind die Honigkuchen fertig.
Wickie füllt sie in kleine Säcke.
Ylvi verschnürt sie mit einem Faden.
Dann verstecken sie
einen Sack nach dem anderen
unter Ylvis Kleidern.
„Jetzt wird es ernst!", stöhnt Wickie.
Er nimmt Ylvi an der Hand.
Gemeinsam gehen sie
zu Halvars Haus zurück.

Sie hören den Schrecklichen Sven
schon von Weitem.
Er brüllt Wickies Vater an:
„Spuck's endlich aus, Halvar!
Wo sind deine Schätze?"

Wickie holt tief Luft.
Dann betritt er das Haus.
„Ich kann es dir zeigen!",
sagt er mit zitternder Stimme.

Bärenhunger

Alle starren Wickie an.
„Wirst du wohl still sein!",
schimpft Halvar.
Aber Wickie schüttelt den Kopf.
„Ich führe dich zum Versteck, Sven",
verspricht er dem Piraten.
„Aber lass Vater in Ruhe!"
Der Schreckliche Sven grinst.

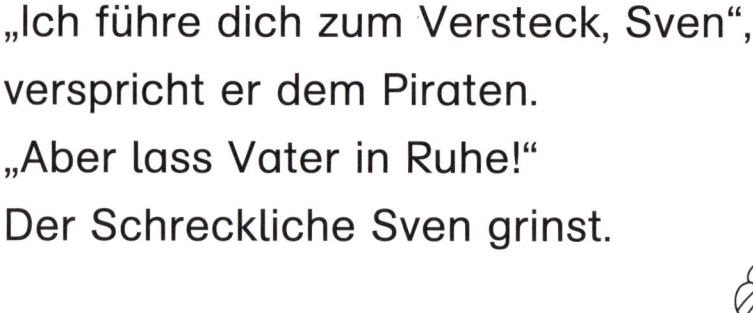

Wickie verlässt das Haus.
Alle Piraten folgen ihm.
„Das Versteck ist schwer zu finden",
erklärt er ihnen draußen.
„Deshalb muss mir Ylvi helfen."
Der Schreckliche Sven nickt
und knurrt dabei:
„Hauptsache, ich kriege die Schätze!"

Wickie führt die Piraten aus dem Dorf.
Im Wald hängt Ylvi jedem heimlich
ein Säckchen an den Gürtel.
Keiner der Männer bemerkt es,
denn alle denken nur an die Schätze.
„Fertig!", flüstert Ylvi Wickie zu.
„Es kann losgehen!"
Er nickt und zwinkert zurück.
Bald erreichen sie den dunklen Wald.
„Wo sind denn nun die Schätze?",
brüllt Sven ungeduldig.
„Ich ..."

Weiter kommt er nicht ...

Die Bären jagen die Piraten
durch den ganzen Wald.
Immer mehr Bären werden
vom köstlichen Duft der Honigkuchen
aus ihren Höhlen gelockt.

Als die Piraten das Meer erreichen,
springen sie sofort ins Wasser.
So schnell sie können,
schwimmen sie zu ihren Schiffen.

Da sind Wickie und Ylvi
schon längst wieder in Flake.
„Hast du ihnen das Versteck gezeigt?",
brummt Halvar enttäuscht.
Wickie schüttelt den Kopf.
„Ich wollte ja!", antwortet er lachend.
„Aber der Schreckliche Sven
musste auf einmal
ganz dringend nach Hause."
Er zwinkert Ylvi zu.
„Vielleicht hat er
einen Kuchen im Ofen vergessen?"

Starke Fragen für helle Köpfe

 **Wie sehen die Segel der Piraten aus?**
- ☐ schwarz wie verbrannte Pfannkuchen
- ☐ schwarz wie verbrannter Pflaumenkuchen
- ☐ schwarz wie verbrannter Pustekuchen

 **Was lockt den Bären an?**
- ☐ Snorres Salamibrot
- ☐ Wickies Lolli
- ☐ Ylvis Honigkuchen

3 **Wohin retten sich Wickie und Ylvi vor dem Bären?**

☐ in eine Höhle
☐ unter ein Boot
☐ auf einen Baum

4 **Womit fängt Sven Halvar ein?**

☐ mit einem Lasso
☐ mit einem Netz
☐ mit einem Käfig

5 **Was will der Schreckliche Sven rauben?**

☐ Urobes Schwert
☐ Ylvis Kuchenrezept
☐ Halvars Schätze

 **Was würde Halvar eher tun, als das Versteck zu verraten?**
☐ sein Boot versenken
☐ seinen Helm fressen
☐ Faxes Unterhose tragen

 Was backen Wickie und Ylvi?
☐ Honigkekse
☐ Honigkuchen
☐ Honigbrote

 Was muss Wickie vor dem Backen tun?
☐ Feuer ausmachen
☐ Honig sammeln
☐ schlafen

9 **Wohin führt Wickie die Piraten?**

☐ ans Meer
☐ in den Wald
☐ zum Schatz

10 **Wieso flüchtet der Schreckliche Sven plötzlich?**

☐ weil Halvar sich befreien konnte
☐ weil ihn Bären jagen
☐ weil er den Kuchen im Ofen vergessen hat

Wickie und Ylvi backen Honigkuchen. In der Küche haben sich zehn Fehler eingeschlichen. Schau genau hin! Findest du alle Fehler im unteren Bild? Kreise sie ein!

Bärig leckere Honigkuchen-Muffins

Dazu brauchst du:
150 g Honig
75 g Zucker
75 g Butter
3 EL Milch
2 TL Lebkuchengewürz
2 Eier
250 g Mehl
1 TL Backpulver
2 EL Kakaopulver
50 g geraspelte Schokolade

So wird's gemacht:

Gib Honig, Zucker, Butter und Milch
in einen kleinen Topf.
Alles muss erwärmt werden,
bis sich der Zucker gelöst hat.
Nicht vergessen: immer umrühren.
Dabei hilft dir am besten ein Erwachsener.
Rühre dann das Lebkuchengewürz unter,
und lass die Masse etwas abkühlen.

Nun kommen die Eier
in die Honigmasse.
Zum Schluss vermischst du
Mehl, Backpulver und Kakaopulver
und gibst es mit der Schokolade
in die Honigmasse.
Verrühre alles gründlich.

Bitte einen Erwachsenen,
den Backofen auf 175 Grad
vorzuheizen.
Fette nun das Muffins-Blech ein,
oder setze Formen auf das Blech.
Dann fülle den Teig in die Formen.
Die Kuchen müssen
etwa 20 bis 25 Minuten backen.

Hier verstecken sich Wörter aus der Geschichte.

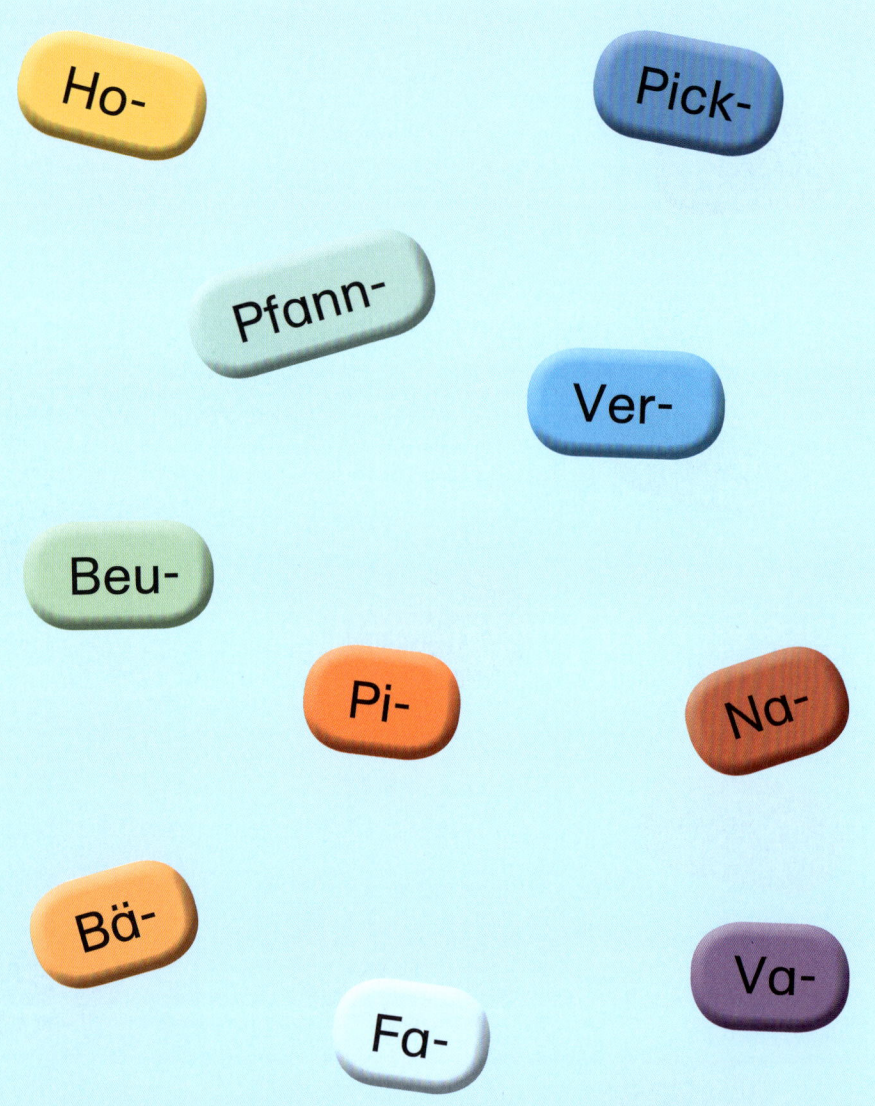

Verbinde die Silben.
Achtung, ein Wort hat drei Silben.

Verbinde die Buchstaben zu Wortschlangen, und schreibe die gesuchten Wörter auf. Es ist jede Richtung möglich, aber nicht schräg! Alle Wörter sind dir in der Geschichte begegnet.

W I C	L V	L A
E I K	Y I	F K E

WICKIE _____ _____

N E H	H I G	L L Ü B
K U C	O N	A F R E

_____ _____ _____

P I R	H V A	O N K U E N
T A	A L R	H I G C H

_____ _____ _____

116

Lösungen

Wickie und der geheimnisvolle Fremde

1. mit Schätzen
2. Eine Fledermaus flattert durch die Höhle.
3. weil er so stark ist
4. Er hat Angst, dass der Schatz gestohlen wird.
5. mit Stoffen
6. Er will in Flake bleiben.
7. Wickie und Faxe
8. mit einer Fackel
9. Wasserbomben
10. Halvar auf Wickie gehört hätte.

Seite 34/35

Versteck   Rucksack
Händler   Laterne
Felsen   Piraten
Fremder   Wald
Goldstücke   Hühnerstall

Seite 36/37

Seite 38/39

Seite 40

Weg Nummer drei führt Wickie zum Schatz.

Wickie bei Häuptling Dicker Büffel

1. Die Sterne stehen nicht gut.
2. den Mast und das Segel
3. einen Fußabdruck
4. keiner
5. Indianer schießen auf sie.
6. Tomahawk werfen
7. ein Indianerzelt
8. alle zusammen
9. mit Pfeil und Bogen schießen
10. freundlich und hilfsbereit

Seite 72/73

Fernrohr
Segel
Wolke
Häuptling
Feder
Heimat
Bogen
Pfeil
Federschmuck
Möwe

Seite 74/75

1-S
2-T
3-U
4-R
5-M

Seite 76

Der richtige Schatten des Indianers, ist der Schatten mit der Nummer vier.

Seite 77

WICKIE, SEGEL, FAXE, FEDER, BÜFFEL, HALVAR, HÄUPTLING, INDIANER, WETTKAMPF

Seite 78

Weg Nummer eins führt Wickie ins fremde Land.

Wickie und der Überfall auf Flake

1. schwarz wie verbrannte Pfannkuchen
2. Ylvis Honigkuchen
3. auf einen Baum
4. mit einem Netz
5. Halvars Schätze
6. seinen Helm fressen
7. Honigkuchen
8. Honig sammeln
9. in den Wald
10. weil ihn Bären jagen

Seite 110

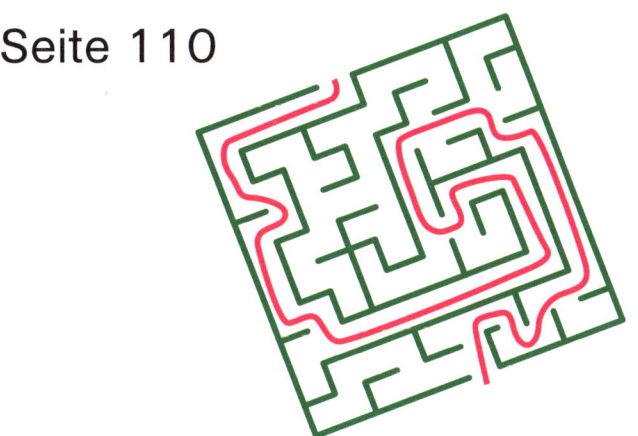

Seite 111

Seite 114/115

Ho-nig, Pick-nick, Pfann-ku-chen, Pi-rat, Beu-le, Na-se, Fa-den, Ver-steck, Va-ter, Bä-ren

Seite 116

WICKIE, YLVI, FLAKE, KUCHEN, HONIG, ÜBERFALL, PIRAT, HONIGKUCHEN, HALVAR

Lesen lernen mit dem Schulbuchprofi …
… und Wickie

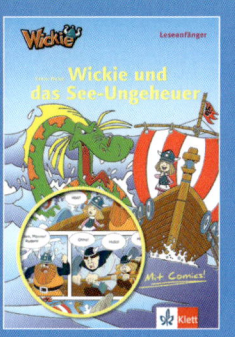

Wickie und die starken Männer
Wickie und das Seeungeheuer
Leseanfänger
978-3-12-949237-6

Wickie und die starken Männer
Wickie im Bann des Zauberers
Leseanfänger
978-3-12-949256-7

Wickie und die starken Männer
Das Geheimnis von Burg Eisenstein
Leseanfänger
978-3-12-949228-4

© 2015 Studio 100 Media GmbH
www.studio100.de

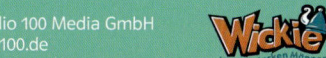

Viel Spaß und gute Noten mit Wickie, dem cleveren Wikinger ...

Wickie und die starken Männer
Clever durch die 1. Klasse mit Wickie
Deutsch, Rechnen, Konzentration
978-3-12-949290-1

Wickie und die starken Männer
Mein Lese-Kritzel-Buch mit Wickie
Fördert Lesen, Schreiben, Rechnen
und logisches Denken
978-3-12-929077-8

© 2015 Studio 100 Media GmbH
www.studio100.de

Für alle Fans von Wickie und die starken Männer!

**Wickie und die starken Männer
Das Fanbuch**
978-3-12-949128-7

- Tolle Ideen, die man leicht selbst umsetzen kann: Rezepte, Party-Ideen, Überlebenstipps

- Mit spannendem Sachwissen über die echten Wikinger

- Spannendes Wikinger-Quiz

- Test: Welcher Wikinger wärst du?

- **Extra:** Über QR-Codes erzählt Wickie noch mehr Spannendes aus der Wikinger-Welt u.v.m.

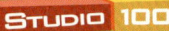 © 2015 Studio 100 Media GmbH
www.studio100.de